Tanya
entre bastidores

A mi Mary — P. G.
Para mi madre — S. I.

Glosario de términos de ballet

balloté (de *balloter, bambolearse*): Salto que se inicia con los dos pies y
    termina sobre uno de ellos.
Jeté (de *jeter, lanzar*): Salto hacia delante de uno a otro pie; puede ser
    grande o pequeño.
pas de bourrée (paso de enlace): Tres pequeños pasos que sirven como
    enlace entre dos movimientos.
pas de chat (paso de gato): Salto, elevando los dos pies con caída sobre
    ambos.
pirouette (pirueta): Salto con giro sobre un solo pie, mientras el otro pie se
    coloca en la rodilla opuesta.
plié (de *plier, doblar*): Flexión con las rodillas separadas y los tobillos
    juntos.

El resumen de la ópera Coppélia que aparece en el cuento, es una
adaptación de la misma de E. T. A. Hoffmann.

Tanya
entre bastidores

PATRICIA LEE GAUCH

ilustrado por

SATOMI ICHIKAWA

La noche antes de ir a la ciudad con su madre y su
hermana Elisa, Tanya apenas pudo dormir. Iba a asistir
por primera vez en su vida a un ballet de verdad.
Los bailarines interpretarían *Coppélia*, la historia
de una muñeca que cobra vida.

   Así, al día siguiente, Tanya, su madre y su hermana
tomaron un autobús y un metro y caminaron tres
manzanas por las nevadas aceras de la ciudad.

Pero al llegar, el teatro estaba cerrado. Habían llegado una hora antes por equivocación. "¡Oh, no!", exclamó la madre.

Tanya estaba bailando frente al cartel de Coppélia para entrar en calor, cuando una mujer que llevaba un montón de programas de mano se asomó a la puerta principal. "¡Qué frío hace!", murmuró. "Será mejor que pasen dentro". Y así lo hicieron.

La madre de Tanya y Elisa se pusieron a charlar tranquilamente con la acomodadora. Pero el teatro estaba tan vacío y silencioso y las alfombras eran tan mullidas, que a Tanya le apeteció bailar. Cuando vio en un pasillo a una señora que llevaba varios tutús de plumas, se fue bailando tras ella, de *pas de chat* en *pas de chat*.

"¿Pero a quién tenemos aquí?",
dijo la señora cuando descubrió
a Tanya tras de ella.

"Soy bailarina", dijo Tanya
tímidamente. "Es que… me encantan
los tutús."

"Ah, bueno…" la señora sonrió.
"También a mí me encantan los
tutús. Y también soy bailarina."

"¿Usted?", dijo Tanya. Aquella
señora era muy mayor.

"Sí, yo", respondió ella. Luego echó
una rápida mirada al relojito que
llevaba colgado al cuello, colgó los
tutús en un perchero y se dirigió a un
viejo armario ropero de color verde
que había al fondo de la habitación.

Lo abrió con una llave de bronce
y sacó un maravilloso tutú rosa.

"La Bella Durmiente", dijo
desplegando el deslumbrante vestido
de encajes. "Este es el vestido que lleva
cuando el príncipe viene a despertarla
tras su sueño de cien años. Y luego
bailan juntos."

"¡Oh!", dijo Tanya.

La anciana señora hizo una
pequeña *pirouette*.

Después regresó al armario verde
y sacó de otra puerta una capa como
un saco y un vestido plateado.

"La vieja pordiosera", *plié*, *plié*, "que
se transforma en hada madrina", *jeté*,
jeté, "y convierte a Cenicienta en una
princesa."

Tanya se sentía como Cenicienta y
sus pies empezaron a moverse también.

La señora, con los pies cada vez más ligeros, sacó un precioso camisón de color malva. "¡Clara!", dijo. Tanya sabía que se refería a la Clara de la *Suite del Cascanueces*. "Clara teme por la vida del pobre y malherido capitán cascanueces," *pirouette* y reverencia, "y lucha contra el peligroso Rey Ratón".

¡Tanya sabía quién era el Rey Ratón! Y de inmediato se transformó en él, con su rabo ensortijado y una espada en la mano, *touché, touché, pas de bourrée, pas de bourrée*. Las dos bailarinas reían.

La señora se deslizaba por la habitación, más ágil y más joven a cada paso.. "Y ahora, érase una vez...", dijo rebuscando entre los vestidos, "un médico que además hacía juguetes: el doctor Coppélius." La señora sacó una chistera y una chalina.

"¡Cómo quería a sus muñecos!", dijo mientras bailaba, *balloté, balloté*. "Pero un día el doctor fabrica una muñeca a la que amará más que a ninguna otra. ¡La hermosa Coppélia!"

Y le tendió unas cintas a Tanya, que rápidamente se convirtió en la hermosa Coppélia.

"Es el gran secreto del doctor. Sólo piensa en ella. Tanto es así, que cada noche la sienta a su lado en el balcón para que la pueda contemplar todo el pueblo. ¡Si pudiera darle vida...!

"Las chicas del pueblo están llenas de curiosidad —y de celos— por la preciosa muchachita que ven siempre en el balcón junto al médico.

"Un día, cuando él no está, se cuelan en su casa y descubren su colección de muñecos de cuerda: soldaditos de hojalata y arlequines con gallos dorados... Les dan cuerda a todos. Y los muñecos toman vida: tíquiti - tac, tíquiti - tac...

"¡De pronto una joven encuentra a la hermosa
Coppélia oculta en una cesta!

"¡Si era solo una muñeca!, dice en el preciso instante en que el doctor Coppélius abre la puerta. ¡Y corren a esconderse!

"El doctor Coppélius no se da cuenta de nada. Ha conseguido una poción mágica con la que podrá dar vida a su muñeca. '¡Vive, Coppélia!' exclama.

"Al principio, los movimientos de Coppélia son rígidos, pero de pronto, como por arte de magia, comienza a bailar. Los dos juntos, en aquella habitación, bailan y bailan y bailan todas las danzas del mundo.

"Hasta que el cuerpo de Coppélia se vuelve cada vez más rígido, más rígido y finalmente se detiene. Ha vuelto a ser lo que en realidad es: una simple muñeca. Al doctor Coppélius se le rompe el corazón

"Las jóvenes escapan de la casa, cuentan a todos lo que han visto y el pueblo entero se ríe del desdichado viejo. ¿Creía el pobre loco que una muñeca podía tener vida...?

"El doctor, sin embargo, guardará para siempre en su memoria aquellos breves instantes en los que bailó con su amada Coppélia. Una danza sin fin, un recorrido por todas las danzas del mundo. Y ese recuerdo es más precioso que el oro."

Tanya y la señora hicieron una reverencia en su honor en medio de la vacía y silenciosa habitación. La puerta del armario verde todavía estaba abierta. "Ésta es la razón por la que tanto tú como yo adoramos los vestidos de ballet", susurró la mujer, de nuevo con la espalda encorvada. Y volvió a colocar en su sitio la chistera y la chalina.

Se podía escuchar el siseo de infinidad de voces.

"Ah, estabas aquí", dijo la madre de Tanya desde la puerta.
"Perdida, como siempre."

"No estaba perdida", dijo Tanya, "sabía con quien estaba".

"¿Con quién estabas?", le preguntó la madre
cuando salieron de la habitación.

"Con una bailarina," respondió Tanya volviéndose a mirar la silueta de la anciana que se alejaba cargada de tutús por el pasillo.

Desde su asiento Tanya oía como afinaban trompas y violines. "Me gustaría contaros la historia de Coppélia" Estaba diciendo su madre mientras le tomaba la mano. "Había una vez una casa de juguetes, muñecas.... y dieron cuerda a todos los juguetes..."

Tanya sonrió. "Cuéntame la historia, mamá" dijo cuando empezó a sonar la música.

PATRICIA LEE GAUCH, que desde muy niña estudió ballet, ha creado un personaje
que deleitará a todo aprendiz de danza. Es también directora editorial de Philomel Books.
Patricia Lee Gauch vive en Hyde Park, Nueva York, con su marido, Ronald.
Co-autora junto a Satomi Ichikawa de la colección Tanya.

SATOMI ICHIKAWA, artista conocida internacionalmente, creadora de la serie de cuentos de
Nora e ilustradora de los libros de Tanya, está convencida del poder mágico de la imaginación.
Sus personajes están llenos de vida y de fantasía. Especialmente la traviesa Tanya,
que ha mostrado sus dotes para la danza en: *Baila, Tanya*; *Bravo, Tanya*.
Ichikawa nació en Japón y comenzó a viajar desde muy joven. Actualmente vive en París.

Título original: *Tanya and the Magic Wardrobe*
Adaptación: Miguel Ángel Mendo
Fotocomposición: Editor Service, S. L.

Editado por acuerdo con Philomel Books

Texto © Patricia Lee Gauch
Ilustraciones © Satomi Ichikawa

Primera edición en lengua castellana para todo el mundo:
© 2003 Ediciones Serres, S. L.
Muntaner, 391 – 08021 – Barcelona

Reservados todos los derechos
ISBN: 84-8488-083-6
D.L.: B. 2018-2003